AF390642

Avec les prix 1870 - Mai 5

C[le] Lemarroy (après déc.

COLLECTION

DE

TABLEAUX

MODERNES

Parmi lesquels se trouvent 10 Tableaux et 6 Etudes

PAR

HORACE VERNET

VENTE PAR SUITE DE DÉCÈS

HOTEL DROUOT, SALLE Nº 8

Le Vendredi 6 Mai 1870

A deux heures et demie précises

EXPOSITION PUBLIQUE : le Jeudi 5 Mai 1870

Mᵉ CHARLES PILLET	M. FRANCIS PETIT
COMMISSAIRE-PRISEUR	EXPERT
10, rue Grange-Batelière, 10.	7, rue Saint-Georges, 7.

MOREAU-NÉLATON
1927

COLLECTION

DE

TABLEAUX

MODERNES

Parmi lesquels se trouvent 10 Tableaux et 6 Etudes

PAR

HORACE VERNET

VENTE PAR SUITE DE DÉCÈS

HOTEL DROUOT, SALLE N° 8

Le Vendredi 6 Mai 1870

A deux heures et demie précises.

~~~~~~~

EXPOSITION PUBLIQUE : le Jeudi 5 Mai 1870

~~~~~~~

M* CHARLES PILLET	M. FRANCIS PETIT
COMMISSAIRE-PRISEUR	EXPERT
10, rue Grange-Batelière, 10.	7, rue Saint-Georges, 7.

CONDITIONS DE LA VENTE

Elle sera faite au comptant.

Les adjudicataires payeront *cinq pour cent* en sus des enchères.

Paris. — Imp. de Pillet fils aîné, rue des Grands-Augustins, 5

DÉSIGNATION

—

VERNET

(HORACE)

1 — La Confession du brigand.

Ce tableau qui eut un immense succès au Salon a
été gravé par Jazet. Il a fait partie de la galerie du
Palais-Royal.

Haut., 1 mèt. 23 cent.; larg., 1 mèt. 65 cent.

2 — **La trahison.**

Une jeune napolitaine entraine un brigand dans une embuscade.

Haut., 53 cent.; larg., 64 cent.

3 — **Choléra et socialisme.**

Composition allégorique datée 1850.

Haut., 45 cent.; larg., 36 cent.

4 — **Chasse dans les marais Pontins.**

Haut., 99 cent.; larg., 1 mèt. 35 cent.

5 — **Vue dans la forêt de Nettuno.**

Haut., 99 cent.; larg., 1 mèt. 25 cent.

6 — **Portefaix russe.**

Un moujick conduit un petit traineau chargé de provisions. Le paysage est couvert de neige.

Haut., 33 cent.; larg., 30 cent.

7 — **Scène du Tartufe.**

« On m'a dit qu'en ce lieu vous me vouliez parler. »

Haut., 28 cent.; larg., 22 cent.

8 — **Don Juan et la statue du commandeur.**

Haut., 18 cent.; larg., 21 cent.

— **Torrent passant entre des rochers en Suisse.**

Haut., 60 cent.; larg., 47 cent.

10 — Portrait en pied du comte B.*.**

On voit au second plan deux soldats tenant deux
chevaux par la bride.

Haut., 75 cent.; larg., 62 cent.

**11 — Vue de Rome pendant l'attaque de la ville
par les Français.**

Haut., 33 cent.; larg., 53 cent.

**12 — Étude de la figure de Judith, pour le tableau
de Judith et Holopherne.**

Haut., 70 cent.; larg., 50 cent.

13 — Étude de femme feuilletant un livre.

Datée Rome 1833.

Haut., 60 cent.; larg., 47 cent.

14 — **Tête de femme vue de profil, un burnous couvre ses épaules.**

Datée Rome 1829.

Haut., 44 cent.; larg., 35 cent.

15 — **Tête de cheval blanc.**

Haut., 31 cent.; larg., 23 cent.

16 — **Ruines d'un temple en Italie.**

Haut., 15 cent.; larg., 25 cent.

BOILLY

17 — Les joueurs de dominos.

Esquisse.

Haut., 16 cent.; larg., 22 cent.

CHARPENTIER

18 — Étude de femme en costume italien.

Forme ovale, haut., 55 cent.; larg., 38 cent.

DE DREUX

(ALFRED)

19 — Cavalier traîné par son cheval.

Ce tableau a été repeint dans diverses parties.

Haut., 70 cent.; larg., 90 cent.

DESTOUCHE

20 — Les Rivaux.

Haut., 54 cent.; larg., 65 cent.

DEVERIA

21 — Épisode de la Fronde.

Haut., 1 mèt. 73 cent.; larg., 1 mèt. 25 cent.

DROLLING

22 — La Confession.

Haut., 51 cent.; larg., 41 cent.

GROS

23 — Portrait en buste du roi Murat.

Esquisse.

Haut., 32 cent.; larg., 28 cent.

GUÉ

24 — Grand escalier conduisant au porche d'une église.

Ce tableau animé d'un grand nombre de figures a été repeint dans quelques parties du haut.

Haut., 1 mèt. 34 cent.; larg., 83 cent.

LEPAULLE

25 — Espagnole en prière à l'Église.

Haut., 26 cent.; larg., 21 cent.

MONVOISIN

26 — Femme romaine assise dans la campagne.

Haut., 24 cent.; larg. 18 cent.

DE PRATÈRE

27 — Animaux au paturage.

Haut.,   cent.; larg.,   cent.

RENOUX

28 — Église souterraine.

Étude.

Haut., 22 cent.; larg., 27 cent.

ROBERT LEFÈVRE

29 — Portrait en pied de madame M*.**

Vêtue d'une robe blanche, elle est assise dans la campagne tenant un livre de croquis sur ses genoux.

Haut., 1 mèt. 90 cent.; larg., 1 mèt. 4 cent.

30 — Deux jeunes filles, vêtues de blanc, dansent en se tenant enlacées.

Forme ovale. Haut., 1 mèt. 25 cent.; larg., 91 cent.

ROQUEPLAN

31 — La cueille des Pommes.

Trois jeunes femmes et une petite fille dépouillent un pommier de ses fruits.

Haut., 90 cent.; larg., 67 cent.

32 — Repos dans la campagne.

Un gentilhomme debout, vêtu d'un manteau noir,
joue de la mandoline et regarde une jeune femme assise sur un tertre ayant près d'elle deux petits en-
fants et un chien.

Forme ovale. — Haut., 52 cent. larg., 40 cent.

SCHEFFER

33 — L'Abandonnée.

Ce tableau a été repeint dans diverses parties.

Haut., 27 cent.; larg., 22 cent.

BREUGHEL

(PIERRE)

34 — Paysage, vallée entourée de rochers.

Haut., 54 cent; larg., 84 cent.

COPIES ET ATTRIBUTIONS

ÉCOLE FRANÇAISE

35 — **Jeune fille se baignant.**

Esquisse.

Haut., 40 cent.; larg., 32 cent.

36 — **Bouquet de fleurs dans un vase.**

Haut., 70 cent.; larg., 56 cent.

37 — **Fontaine en Sicile.**

Haut. 28 cent.; larg. 31 cent.

38 — **Le mariage forcé.**

Haut., 80 cent.; larg., 23 mill.

HORACE VERNET

(Attribué à)

39 — Italiens au repos sous de grands arbres.

Haut., 20 cent.; larg., 30 mill.

GRANET

(Attribué à)

40 — Intérieur d'une église souterraine en Italie.

Haut., 98 cent.; larg., 1 mèt. 27 cent.

BONINGTON

(Copie d'après)

41 — Seigneur et pages.

DESSINS

—

HAUDEBOUD LESCOT

(MADAME)

42 — Scène italienne.

Aquarelle.

HORACE VERNET

43 — Scène militaire.

Sépia.

GALERIES DE VERSAILLES

44 — François Iᵉʳ à la Rochelle.

Mort de saint Louis.

· **Baudouin s'empare de la ville d'Edesse.**

Trois dessins.

www.ingramcontent.com/pod-product-compliance
Lightning Source LLC
LaVergne TN
LVHW020851200726
843508LV00003B/1145